BEI GRIN MACHT SICH IHR WISSEN BEZAHLT

- Wir veröffentlichen Ihre Hausarbeit,
  Bachelor- und Masterarbeit

- Ihr eigenes eBook und Buch -
  weltweit in allen wichtigen Shops

- Verdienen Sie an jedem Verkauf

Jetzt bei www.GRIN.com hochladen und kostenlos publizieren

Michael Veit

Wilhelm Diltheys Interpretation der Philosophiegeschichte in seinem Werk „Über das Wesen der Philosophie"

GRIN Verlag

Bibliografische Information der Deutschen Nationalbibliothek:

Die Deutsche Bibliothek verzeichnet diese Publikation in der Deutschen National-
bibliografie; detaillierte bibliografische Daten sind im Internet über http://dnb.d-
nb.de/ abrufbar.

Dieses Werk sowie alle darin enthaltenen einzelnen Beiträge und Abbildungen
sind urheberrechtlich geschützt. Jede Verwertung, die nicht ausdrücklich vom
Urheberrechtsschutz zugelassen ist, bedarf der vorherigen Zustimmung des Verla-
ges. Das gilt insbesondere für Vervielfältigungen, Bearbeitungen, Übersetzungen,
Mikroverfilmungen, Auswertungen durch Datenbanken und für die Einspeicherung
und Verarbeitung in elektronische Systeme. Alle Rechte, auch die des auszugsweisen
Nachdrucks, der fotomechanischen Wiedergabe (einschließlich Mikrokopie) sowie
der Auswertung durch Datenbanken oder ähnliche Einrichtungen, vorbehalten.

Impressum:

Copyright © 2013 GRIN Verlag GmbH
Druck und Bindung: Books on Demand GmbH, Norderstedt Germany
ISBN: 978-3-656-57534-4

Dieses Buch bei GRIN:

http://www.grin.com/de/e-book/265927/wilhelm-diltheys-interpretation-der-philo-
sophiegeschichte-in-seinem-werk

GRIN - Your knowledge has value

Der GRIN Verlag publiziert seit 1998 wissenschaftliche Arbeiten von Studenten, Hochschullehrern und anderen Akademikern als eBook und gedrucktes Buch. Die Verlagswebsite www.grin.com ist die ideale Plattform zur Veröffentlichung von Hausarbeiten, Abschlussarbeiten, wissenschaftlichen Aufsätzen, Dissertationen und Fachbüchern.

Besuchen Sie uns im Internet:

http://www.grin.com/

http://www.facebook.com/grincom

http://www.twitter.com/grin_com

Ruhr-Universität Bochum

Fakultät für Philosophie

Seminar: Dilthey: Das Wesen der Philosophie (WS 13/14)

Michael Veit M.A.

ESSAY

Wilhelm Diltheys Betrachtungen über „Die Formen der Philosophie in der modernen Zeit, wie sie in den Begriffen von ihr zum Ausdruck kommt" in seinem Werk „Über das Wesen der Philosophie"[1]

---

[1] Dilthey, W. : Das Wesen der Philosophie, Marix Verlag, Wiesbaden 2008. Die Bezifferung der Zitate beziehen sich auf die Seitenzahlen diesem Band und schliessen auch Zitate aus dem Vorwort von G. Scholz mit ein.

Angesichts der Tatsache, dass in der Philosophie weder Einigkeit über deren Begriff noch über die Möglichkeit von dessen Ableitung besteht, ist es das Anliegen Diltheys, dieser Vielfalt nicht noch einen weiteren Ansatz hinzuzufügen, sondern das Ganze der Philosophie in den Blick zu bekommen. Folgerichtig führt ihn dies zur direkt zur Philosophiegeschichte, da diese ja die Gesamtheit des philosophischen Denkens in sich trägt. Dilthey stellt daher an den Anfang seiner Überlegungen zum Wesen der Philosophie eine philosophiegeschichtliche Konkretisierung (11), zunächst hinsichtlich der (insbesondere griechischen) Antike. Seine Einschätzung, dass danach die Philosophie „in der Unterordnung unter die Religion ihr wahres Wesen verloren" (41) habe, veranlasst ihn dazu, die gesamte mittelalterliche Philosophie lediglich in einigen wenigen Zeilen abzuhandeln, um dann gleich zur Moderne, dem Gegenstand des hier untersuchten Abschnitts, überzugehen.

Die Entwicklung der **Renaissance** bringt nach Dilthey eine Veränderung in „Charakter und Begriff der Metaphysik", insbesondere als Folge des Aufkommens der Naturwissenschaften und spezifischer Methodik der Erkenntnis des Universums. (42)

Metaphysik sondert sich in Gegenstand und Methodik von den Einzelwissenschaften ab. In der Frage nach dem Sein, das von keiner Einzelwissenschaft beantwortet werden kann, findet sie ihren spezifischen Gegenstand. Sie fordert strenge Allgemeingültigkeit, reflektiert dabei aber auch ständig ihr eigenes „metaphysisches Verfahren".(ebd.)

Descartes übernimmt aus den Naturwissenschaften methodische Grundzüge zur Bestimmung des Wesens der Philosophie, insbesondere die über die Einzelwissenschaften hinaus gehenden Prinzipien der Formulierung der „allgemeinsten Fassung des Problems" und des „Rückgangs von den ersten Annahmen" der Einzelprobleme zu „einem obersten Prinzip". Die Darstellung der Ergebnisse in „evidenten Begriffen und Sätzen" und des Grundes ihrer Evidenz liefert die Grundlagen eines konstruktiven philosophischen Verfahrens.

Dieses Verfahren benutzen dann auch **Hobbes** und **Spinoza**, **Leibniz** entwickelt und präzisiert es weiter durch die Erarbeitung einer diesem Verfahren zu Grunde liegenden allgemeinen Logik.

Insgesamt besteht die Grundlage dieser Methodik darin, dass „aus der *Evidenz* der einfachen Begriffe und Sätze auf ihre objektive *Geltung*" geschlossen wird.(43)

Locke, Hume und **Kant** zeigen dann, dass dies nicht haltbar ist. Von ihnen werden die Kategorien wie Substanz, Kausalität und Zweck „auf die *Bedingungen des auffassenden Bewusstseins*" zurückgeführt". Insbesondere **Kant** weist darauf hin, dass zwischen *Evidenz* und *Anschauung* ein fundamentaler *Unterschied* besteht. Die alte Methode hat sich als unfähig erwiesen, der Fülle von Denken und Handeln im geschichtlichen Prozess gerecht zu werden.

Die vom auffassenden Bewusstsein und von dessen Voraussetzungen her mögliche Erkenntnis von Gegenständen her geprägte Methodik nennt **Kant** *„Transzendentale Metaphysik".*(ebd.) Jeder Zusammenhang der äusseren Wirklichkeit geht geht nach **Kant**, so Dilthey, von einem *seelisch-geistigen Zusammenhang* aus. Dieser Gedanke ist dann auch Ausgangspunkt der neuen deutschen Metaphysiker von **Schelling** bis **Schopenhauer**.(44)

Letztendlich ist aber auch dieser Ansatz nicht in der Lage, die „Brücke" zu finden, die „von der Notwendigkeit als einer Tatsache unseres Bewußtseins hinüberführt zu der objektiven Geltung". Ebensowenig erkennt sie, dass das *Bewusstsein selbst* das „innere Band der Wirklichkeit" ist.(ebd.)

Diltheys *Fazit*: „Es ist nicht möglich, die in der Erfahrung gegebene Welt, deren Erkenntnis die Arbeit der Einzelwissenschaften ist, durch eine von ihrem Verfahren unterschiedene metaphysische Methode zu tieferem Verständnis zu bringen."(46)

Während die Einzelwissenschaften einen Boom erleben, ist die Methaphysik an ihr Ende gelangt. Die einzige Realität, die nur die Philosophie aufklären kann, ist die *wissenschaftliche Erkenntnis als solche.* Die neue *„unmetaphysische" Philosophie* verzichtet auf eigene Gegenstände wie Gott, Sein, Substanz und wird zum Bewusstsein der Wissenschaften.(13)

Hier unterscheidet Dilthey *drei Wege*:

1. den *Neukantianismus*, insbesondere repräsentiert von **Helmholtz**. Philosophie definiert sich hier in zwei Weisen: einerseits (ähnlich wie bereits **Plato**) als „Besinnung des Geistes über alle seine Verhaltensweisen, bis in deren letzte Voraussetzungen", andererseits, dem entsprechenden Weltbegriff folgend, als „Wissenschaft von der Beziehung aller Erkenntnis auf die wesentlichen Zwecke der menschlichen Vernunft". Dilthey hebt lobend hervor, dass der neukantianische Ansatz in etlichen Arbeiten den Zusammenhang zwischen Schul- und Weltbegriff der Philosophie herausgearbeitet hat.(48)

2. den *Positivismus*, der besonders auf eine *„Enzyklopädie der Wissenschaft"* abziele .Diltheys Kritik besteht darin, dass der Positivismus als Erkenntnistheorie, die von der „Positivität" (Experiment, Erprobung, Eintreten vorausberechneter Wirkung) der Ergebnisse der Einzelwissenschaften ausgeht, den Gegenständen selbst keine neuen gegenständlichen Erkenntnisse hinzufügen und auch keine neuen Begründungszusammenhänge liefern kann.(48f)

Aufgabe der Philosophie ist damit letztendlich, das *Ganze der Wirklichkeit* zur Erkenntnis zu bringen, indem sie die *innere Beziehung der Einzel*wissenschaften klärt. Die mittelalterliche Inventarisierung von Wissen wird zur modernen philosophischen Enzyklopädie, deren Grundlegung **Bacon** liefert. Über D´Alembert und Turgot entwickelt dann **Comte** seine *„Philoso-*

phie Positive" als System der historischen und systematischen gegenseitigen Abhängigkeit der Einzelwissenschaften.(49f)

3. die Philosophie als *„Wissenschaft der inneren Erfahrung oder als Geisteswissenschaft".*

Diese Geisteswissenschaft geht vom *gesamten*, also sowohl vom äusseren wie vom inneren Erfahrungsgehalt im Bewusstsein aus, strebt also über den Positivismus hinaus nach „Erfassung der Realität" und entwickelt von dort aus u.a. die Entwicklung von Logik und Erkenntnistheorie.(14)

David **Hume** definiert auf diesem Hintergrund und in Anlehnung an die damalige Entwicklung der Psychologie in seinem Werk über die menschliche Natur die „wahre" Philosophie als auf Erfahrung gegründetes Studium des Menschen. In diesem Sinne nennt dann auch **John Stuart Mill** die Philosophie „die wissenschaftliche Kenntnis vom Menschen als einem intellektuellen, moralischen und sozialen Wesen".(51f)

Allerdings, so Dilthey, kann auch dieser Ansatz die Frage nach der Allgemeingültigkeit der wissenschaftlichen Erkenntnis nicht beantworten. Während die **Naturwissenschaften** sich nur mit den Objekten, die dem *Bewusstsein erscheinen*, zu befassen haben, haben es die **Geisteswissenschaften** mit der *Realität der Erlebnisse* zu tun, die ihnen durch die *innere Erfahrung gegeben* sind, also mit einer Realität, die eben nur *erlebt* ist, und so Dilthey, „welche zu erfassen die nie endende Sehnsucht der Philosophie ist".(53)